처음이야, 푸른 스커트에 시선이 가는

2025

처음이야, 푸른 스커트에 시선이 가는

김영숙

사이재

시인의 말

시를 잘 쓰지 못한다.

나의 시는
어디에서 멍이 들었나 싶어
기억을 더듬다 흩어지는
푸른 멍자국 같은 것이다.

2025년 겨울
백련길 64

김영숙

차례

처음이야, 푸른 스커트에 시선이 가는

시인의 말

1부

처음이야, 푸른 스커트에 시선이 가는 11
훔쳐온 것만 같은 13
그래서 뭐, 14
안경에 대한 애착은 선험적이다 16
네 시에 피는 꽃 17
뜨거운 것이 좋아 18
기하학적인 친근함에 관하여 20
백일동안 붉은 아가미처럼 늙은 고아는 22
푸른 혀 23
발뒤꿈치의 각질처럼 남은 혁신 24
온전한 천사 26

2부

막다른 집은 대문이 잘 열리지 않았어 29
태극기가 바람에 펄럭입니다 30
공갈빵은 거짓말을 모른다 32

세렝게티식 생존 법칙 34
12개월 할부로도 유언을 살 수 없어 38
하교 41
허공에 걸어둔 서랍 하나 42
알러뷰의 용도 44
사망번호 5525호 47
낡은 언어라고 했다 50
오후 다섯시의 연민은 53

3부

어떤 상처에는 단추를 달아야 해 57
바지락 같은 목소리의 수경이는 58
늘푸른 약국 60
붉은 모자 쓴 여자 62
사금파리 같은 비듬이 떨어졌다 64
마이산 능소화 65
11월 66
목포 블루스 67
유월 68
제비꽃 69
고양이 혀로 위로하는 방식 70

1부

처음이야, 푸른 스커트에 시선이 가는

처음이야, 거짓말을 믿는 너의 눈이 백화점 유리처럼 빛났다
천장에 높게 달린 샹들리에에 위태롭게 걸린 풍선 하나가
마른 공기에 작아지고 있었다

음식점이 있는 8층으로 가는 에스컬레이터는 느릿하게 하중을 견디듯 움직였고
전주비빔밥 놋그릇에 노란 노른자는 머리카락 채이듯 나물들과 엉키며 섞였다

붉은 고추장이 있어야지
붉은 색이 없는 비빔밥은 가짜 같아
엉키고 섞이며 사는 거라고
네가 말했다

함부로 섞이는 건 색깔 없는 사람 같다는 내 말을
톡 분지르며 너는 또
네 문제는 그거야

혼자 고상 떨며 밥 따로 나물 따로 먹으려 드는 것

네 입에 놋수저가 들락거리며 오가는 사이

이 놋그릇이며 놋수저는 누가 닦아야 하나
스텐 그릇이거나 도자기 그릇이거나
어디에나 있는 전주비빔밥은 왜 같은 맛이어야 하나

빨간 통에 나오는 빨간 고추장이 들어있는 빨간 통은 왜 빨강일까
왜 거짓말의 색깔은 새빨간 색이어야 하나

처음이야, 거짓말을 믿는 네 눈이 다시 반짝였다고 그랬던 건
웅웅거리며 어깨를 칠 듯 지나가는 하이힐에
허벅지 높게 달라붙은 푸른 스커트에 시선이 가는 순간이라고 생각하면서
데친 미나리 줄기 같은 새파란 거짓말을 떠올렸다

훔쳐온 것만 같은

도둑처럼
목록을 스캔하듯 다른 이의 글을 읽는
아침 글쓰기는
남루한
주머니 속을 자꾸 뒤지는 것만 같다

블랙 야크를 피부처럼 입고
피트니스
다져진 몸으로 너를 스캔하고 싶다

다람쥐처럼 너는 언뜻
지나가고

너를 무엇엔가 비유해야 하는데
빗댈 말은 창밖인 듯 어른거리는 백내장으로 흐리고

촛농 같은 얼굴로
깜박이는 신호등을 본다

그래서 뭐,

자다 깼다
회가 부르듯 뱃속에서 소리가 났다

옆에서 골골 고르릉 소리가 났다
개불알꽃 같은 부랄을 가진 남자는
미라 같다

행주 끝 비린내 앉은
찬 소주 같은 식탁에
각질 앉은 팔 뒤꿈치 걸어놓고
베트남 산 망고를 꺼낸다

육즙은 손가락 사이로 흐르고 나는 과일을
고갈비 먹듯 뜯어먹는다

회가 불렀어 나는 과일의
심장을 게걸스럽게 먹어 삼킨다

문득
죽은 엄마는 무사할까
개미핥기처럼 생각했다

나는 물고기를 떠올렸다
뼈다귀에 지느러미만 남아 헤엄치는 물고기를 그려
바람 드나드는 서쪽 창에
풍경으로 매달았다

한 면만 보세요
드론처럼 돌지 마세요
캡쳐는 하지 마세요

휴대폰에 저장된 엄마의 사진은
틀니처럼 웃고 있었다

안경에 대한 애착은 선험적이다

필요할 때 보이지 않는다
한쪽 발로 서면 넘어진다
없으면 찾는다
한쪽 알이 금이 가면 쓸 수 없다
다른 사람에게 빌려줄 수 없다
자주 비뚤어진다
너처럼

네 시에 피는 꽃

격렬함도 없이
비열함도 없이
온순하고 책임감 있음
4학년 통지표 란에 담임의 글씨처럼
혼자
뜨거움도 없이
비참함도 없이

뜨거운 것이 좋아

12월이 좋아 이따금 세상이
하얀 백지처럼 되는 것 같아서
내 머릿속도 백지처럼 텅 빈 것 같아서 12월엔
백지처럼 하얀 생선 맑은탕이 좋아
뜨거운 국물이 좋아

백지가 좋아 그치
혼잣말하다가 백치처럼 하얗게 웃는 내가 좋아
백지거나 백치거나

뜨거운 음식을 잘 먹는 사람은 정이 많대서
생선 맑은탕을 후루룩 잘 먹는 내가 좋아

매운 내 가득한 생선 맑은탕이 가스레인지 위에서
숨을 죽이듯 끓고 있어

눈알 맛을 아는 사람이 진짜 생선을 먹을 줄 알아
눈알은 흰자위를 돌리며 아리랑을 부를 것처럼 튀어나와

헐어진 토막 하나씩을 건져내며
왼쪽 목을 돌리니 우드득 뼈 씹는 소리가 났어

덩달아 어금니에서 불현듯 기억 하나가 가시처럼 걸려 나왔어

백지 시험지를 냈다 엎드려서 매를 맞았지
백지 시험지를 낸 이유를 대라는데
변명도 백지여서
더 맞았지

이렇게 하얀 눈이 소복이 쌓인 날이면
시뻘건 고춧가루처럼 눈동자를 붉혔던 옛날의 선생님에게
붉어진 엉덩이를 숨긴 채

하얀 백지처럼 뜨거운
생선 맑은탕을 대접하고 싶어

다시 또 백지를 내밀며
백지를 내고 싶은 날도 있는 거라고
하얀 백지 같은 웃음을 건네고 싶어

기하학적인 친근함에 대해

y염색체가 사라진 지는 오래

어디서 왔냐는 말에 너는
눈을 똥그랗게 뜨며 금성에서 왔다고 했지
왕처럼 이마에 왕관을 붙이고 서 있는 너를
늙은 엄마는 바라만 봤어

콩물국수가 나오는 날
닭 육수에 만둣국이 나오는 날
각자의 숟가락으로 자신들 입만 채웠지
수컷은 어디에서도 찾을 수 없는데

마당의 분꽃은 암컷 냄새를 풍겼지

홀로그램으로 너는
엄마를 불렀지

3D프린터로 춘천식닭갈비를 출력했어
식량은 구름 같아
금색 입은 돌가루가 되어
바람으로 흩어졌어

밥은 먹었냐
굶지는 말아

오늘 먹지 못하면 내일이란 없어
걱정이 사라진 시대에 걱정은
환청처럼 귓바퀴에서 잉잉대지

카트는 네 발 달린 짐승처럼 사냥을 하지
원플러스 원
원플러스 원

밥은 먹었냐?
살아 있는 거니?

입이 네 개인 왕을
오늘 배달 시켰어

백일동안 붉은 아가미처럼 늙은 고아는

배고픈 다리쯤에서 길을 잃었다
여기가 어디냐고 물었다
넌 어디서 왔냐는 말에 어디서 왔는지
내가 누구인지 몰랐다

어두워진 길은 더 낮은 데로 내려오고 있었다

아무도 버리지 않았는데
버려졌다고 어둠은 속삭였다

찾지 않을 거라는 박쥐 날개 같은 두려움

허기는
검은 비처럼 내린다

늙은 고아 같은 허기가
나를 덮쳤다

푸른 혀

거짓말을 밥 먹듯이 한다는 말은 거짓말이야
죠스바 먹을 때처럼 혀를 내밀지
365일을 하루같이 산다고 했어 거짓말은
꼬리를 자르고 도망치는 도마뱀처럼

가장 어두운 건 밝은 색으로 위장하지
하얀 거짓말은 거짓말 같지 않아서 위험해
독이 없다고 말하지

나는 거짓말을 하기 위해
푸른 혀를 내밀지
너를 사랑한다는 거짓말
거짓말은 거짓말이야 나는

푸른 혀를 가졌을 뿐이야

발뒤꿈치의 각질처럼 남은 혁신

마음 갈피에 꽂힌 슬픔도
장소가 달라지면 없어지는 걸까

너와 걸었던 들판에는
건물들이 심어져 있었다

우리가 이쯤에서 포옹을 했던 것 같아
나는 건물 흰 벽에 손가락 글씨로
비밀의 벽이라고 썼다

온통 하얀색의 집
새 집은
하얀색으로 비어 있었다

빈집 너머에 빈집
빈집들이 서둘러 이주해 와서
혁신도시는 빈집들로 북적거렸다

혁신도시의 입구에서 혁명을 떠올리는 것
혁명되지 않는 나를 데리고 혁신도시의 대로에서
왼쪽 방향으로 핸들을 움직였다

너는
자동차는 무엇이 왼쪽으로 가게 하는지 아느냐고 물었다

핸들이라고 말했다
바퀴라고 말했다
나라고 말했다

머릿속이 빈집 같아서
한참을 생각만 했다

너는 모든 선택은 혁신이라고 했다

온전한 천사

나의 왼편에는 천사가 있어요
천사는 늙었고
밥을 자주 흘려요

나는 천사의 외로움을 지우는 방법을 몰라요

오른쪽 골목에는
노란 달 아래 서성이는 고양이
프리뮬러 핑크에요
블루에요

어머니는 아니에요

석고 같은 천사는
어머니가 사라진 천사는 눈을 감고 있네요

2부

막다른 집은 대문이 잘 열리지 않았어

새 파스텔처럼 반듯한 오빠는 학교가 파한 후
철길을 따라 갔다 나는
원피스에 딸기물이 들었다며 소리 내지 않고 울었다
겨울이 되어 저마다 상장을 훈장처럼 내놓을 때 오빠는
빨간 에나멜 구두를 들고 돌아왔다
나는 오빠를 머리맡의 한 그릇 물처럼 두었다
깻단 털듯 말을 쏟아내는 오빠의 말을 다 알아듣지 못했다
겨울이면 젖은 채 구석으로 밀려가는 낙엽처럼 생생했던
오빠의 목소리는 가장자리로 쓸려 먼지와 굳어갔다
막다른 집으로 살림이 쪼그라져 들어갈 때
이제야 집을 갖게 되었다며 잘 풀리는
두루마리 화장지를 사들고 삼겹살을 사고
뽐뿌에서 퍼 올린 물로 상추를 씻어냈다
좁은 마당에 담을 이기며 서 있는 이팝나무를 보았다
이제는 전화 받을 일은 줄어들 거라는 막연한 바람으로
우리는 벌집처럼 작아진 각자의 방에 박혀
스위치를 켜고 아홉시 뉴스를 들었다
오월 하순, 새벽에 울리는 전화벨은 가위처럼 단호했다
막다른 집 문은 한 번 열리고
한 번 닫혔다

광주의 피비린내가 녹처럼 번지던 오월이었다

태극기가 바람에 펄럭입니다

어망에 치인 생선처럼 깃발은 헤져
늙은 창녀 얼굴로 낡아 있다
뒤로 돌아가 구령에 엇박자로 딛는 아이의
뺨을 갈기듯 깃발의 고개는 슬로우 모션으로 돌아간다

우리는 역사적 사명을 띠고 이 땅에 태어났다를 외우다
그대로 멈춰
6시에 기차는 떠나도
태극기만 바라보며 쇠말뚝처럼 박혔다

위쪽은 빨강이라고 외웠는데
색이 없어서 할 수 없이 파랑으로 색칠하다
뺨을 맞고 빨갛게 달아오르는 건
내 얼굴

늑대
빨갱이
불조심
간첩신고 포스터
빨강이 필요해

모나미 24색 크레파스
빨강은 한 개

도화지는 한 장인데 빨강이 없는데
빨강을 그려야 하는데

대통령이 빨간 피를 흘리며
총 맞아 죽었다

미술시간은 끝났다

공갈빵은 거짓말을 모른다

허기가 풍선처럼 부푼다

내 위를 잘라줘
허기를 잘라줘

질소 가득 찬 허니 버터칩 씹으며
스타벅스 카푸치노를 마시지

귓바퀴에서 벌들의 잉잉거리는 소리
공기를 가르고 상한 날갯짓으로 오는 웃음

너는 진실을 말하고
나는 허풍을 듣는다

오래된 슬픔은 곰팡이를 피워대는데
몸이 공갈빵처럼 부푼다

이나마 다행이야
이것도 어딘데
아직은 쓸 만해

밤새 울음으로 잠을 청한
공갈 젖꼭지를 문 아이처럼
위로가 위로되지 않은 오후에

허공에 대고 소리를 지르고 싶다

내 위를 잘라줘
허기를 잘라줘

세렝게티식 생존법칙

수백만 마리의 누와 얼룩말들이 세렝게티
남부 초원에 속속 도착하고 있습니다
설날에 모여든 한국의 가족들처럼

한 끗 차이라고 했다
손바닥 뒤집기라고 하지
화투패처럼
당신이 떠나지 못하는 이유를 말하고는 하지

이 자리를 떠나야 해
손을 씻기만 해
여기서 나가기만 해
우글거리는 욕망의 초원은
침실 같아

좋아요
구독을 눌러주세요 하듯이 들어와
슬쩍 나를 눌러주고는
톡 방에서 나가주세요 말하는 너
아무리 나가라고 해도 나가지 않는 나는
방 빼라는 이름의 여자

좋아요
건망증에 좋아요
무슨 말을 하고 싶은 건가요
맥락이 없군요
그러니까 내가 하고 싶은 말은

설날에 누 떼가 모여 카톡을 한다는 건 아닙니다

그러니까
너무 멋져요
좋아요
세렝게티에서는 2주 만에 60만의 숫자가 몰려들죠
초원 한 가운데 갑자기 도시가 생기는 겁니다

며칠 만에 60만의 인구가 몰려든 도시국가
아
네 그런 상상을 해 봤어요
인구문제가 심각하다니
세렝게티로 오세요

초원으로

등화관제처럼

조금만 쉬어요
잠깐만
배꼽 아래만 내려요

인구를 늘일 비책을 쓰는 건 아닙니다

5센티
톡방에 왔다 가는 것처럼
톡
떨구는 너는

배꼽 아래로
말 떼가 몰려드는
5센티

마려움을 참지 말라는
협조공문을 띄울게요

5센티 너머의

세렝게티로 갑시다

나의 깊은 곳엔
초원이 있지요

세렝게티 멀리 잃은
설날처럼

12개월 할부로도 유언을 살 수 없어

최신보험수리학, 한국전력공사 모의고사,
늙다만 호박, 청녹색은 가을이 아니라고 말하려 하지

양념에 절인 생고등어가 간이 베기도 전에 상에 올랐다
막 비빈 어리굴젓 한 종지
생미나리와 오징어무침 너머에는 도서관

월요일이 순서인 무보수 지킴이 여자는 수다가 한창이었다
무보수이니까 도서관을 삼켜도 될까?

도서관은 자를 수 없는 크기의 빵 같다
뼈만 남은 생선튀김 같다

오후의 고요는 차꽃으로 뛰어들고
차꽃에서 시체 썩는 냄새가 날 수는 없어

도서관은 열리고 나는
견딜 수 없는 것을 견디려는 사람처럼
신문을 편다

청년 고독사, 27살

고시촌, 지독한 악취, 쓰레기, 술과 담배, 배달음식, 라면 같
은 단어들이
나열된 사회면은 신선하지 않다

어떻게 아셨죠?
냄새요

냄새라는 말을 읽으며 코로 내 냄새를 읽어본다
어떤 경우에라도 문을 열어놓고 자야지
자다가 죽을 수도 있으니까

차꽃이 폈는데
아무도 찾아오지 않아요
전화도 없고 나는
고독사가 싫어서 도서관에 가는 걸까요

아직은 고독사에 대한 지침도 법안도 없다고
아직

최신보험수리학, 늙다만 호박처럼 의자에 엉덩이를 얹어놓고

한 달에 서른여섯 명씩
교통사고보다 많다는 고독사

고독의 역사를 생각해 보는 건 참 고독한 일이야

생각은 아직 끝나지 않고 툭툭 끊어져
사 개월의 월세가 밀려서
육 개월 관리비가 밀려도
문 앞에 전기 중단
가스중단 표가 차압딱지처럼 붙어 있어도

늙은 거미 같은 얼굴을 한 이웃들은
글쎄

냄새가 나기 전에는 아무도 문을 열지 않았다

최신보험수리학 어디에도
고독사를 발견할 방법은 나오지 않는다
유언도 없는 죽음

부탁해
나는 도서관이 아니야

하교

가방을 놔둔 채 복도를 지나 운동장으로 걸어 나갔다

총도 없이 교문을 나갔다

자벌레처럼 한땀 한땀 성실하게
성실하게
칠판 위 교훈을 잊지 않았다

반공이 신이라서
어김없이 여섯 시엔 국기에 대한 경례를 하고

군인이 되길 꿈꾸며
서서 오줌을 누다가 옷이 다 젖었다

검은 때를 가진 손을 하이타이 거품으로 씻어냈다

소녀가 사라졌다

허공에 걸어둔 서랍하나

책상에 서랍이 없고
휴식 없는 기억은 허공을 맴돈다

사과 파이처럼 부서질 듯 위태로운 겹들

몸이 없는 너는 하나의 문서로만 남는다

파일명을 지정하세요

상처의 이름을 고르지 못해 넣어둘 폴더를 찾다가
폴더는 간척지, 그것은 허공에 걸어둔 서랍 같은 것

폴더
폴더
넣어둘 서랍을 찾다
내가 너였다면 하였다가

없는 너의 멱살을 잡고 흔드는 목울대가 붉어져
힘이 빠진 팔로 서랍을 찾는다

파일명을 지정하세요

사랑이라는 텅 빈 허공을 묶어
노란 열쇠 채워
허공 서랍에 넣는다

알러뷰의 용도

알러뷰

어떻게 사랑이 변해
인형처럼 살면 되지

족보가 없어도 좋아
만나는 사람이 누구이건
알러뷰
알러뷰

옆집 아이의 아버지가
네 남편일지도 모르잖아 세상은
종가시나무에 종갓나새끼가 붙어먹어
슈퍼맨의 집은 맨 꼭대기 집이 아니야
슈퍼맨은 요즘 수정 꽃 속에 집을 짓고 살지
슈퍼는 크지 않아도
홀로그램처럼 여자들이 다녀가지
슈퍼맨은 소문난 바람둥이야
파는 물건도 많지
받는 것도 다양 해

어느 결혼식장에 가서는
처음 보는 신랑에게
실은 내가 네 애비다
말하려다 말았다지

알러뷰 인형처럼
동글동글하고 웃음기 많은 슈퍼맨은
아침마다 가게 앞을 깨끗하게 청소하지
그건 마치 세례 의식 같은 것

자신의 발자국을 지우려는
그의 노력은 새마을의 노래에서 시작 되었어
새벽종이 울리기 전부터
골목길 청소를 하고
달빛처럼 다른 여자 집을 드나들었다고 해

요즘은 오케이 다방 수정이가 상대야
소문은 다 났지만 슈퍼맨만 모르지
수정이를 수정 꽃이라 부른다지

폭죽처럼 욕망을 터트리며

실실 웃는 슈퍼맨은 어느 날

지나는 아이를 붙들고
내가 니 애비란다
말할 지도 몰라

알라뷰
알라뷰
같은 말을 반복하는 인형을 파는
슈퍼맨의 집

그래도 애비 없는 자식은 없지

사망번호 5525호

난 출생번호 따윈 없어
몽고반점을 확인하며 말하는 걸 듣지 못했거든
나, 난
삼복 날 불려 나갈 어린 닭처럼 접혀 있어

자궁 안으로 갈퀴처럼 생긴 집게가 불쑥 들어왔지만
날 흩어놓지는 않았어

외침이 잦은
내 마지막 궁전은 그래도 따뜻했지

두 발과
두 손을 모으면 밖의 소리를 들을 수 있었어

구멍 밖의 세계는
검어졌다
환해졌다

그러다 활짝 문이 열리는 순간이면
숨이 멎을 것만 같아

허공에서 굉음을 울리며
날카로운 물체가 날아다니며
궁의 이곳저곳을 파괴할 때

여기 저기 잘려진 붉은 살이 노을처럼 흩어질 때
난 공포스러워

견디려 했어
어떤 슬픔도 공포도
먹으면서 나는 자라려 했어 난
사지 멀쩡하다고!

내 기억에서 찾으려고 하지 마
내 기분은 묻지 마

꺾인 고사리 머리처럼
내가 허공에 붕 떴지
이 세상에 태어나 처음으로 공기를 만난 순간이야

그건 아주 특별한 이사
너무 막막한 가벼움이야

그 때를 잊지 못해
이제 며칠 째인지 말할 수 있어
난 사망번호 5525라고 해

낡은 언어라고 했다

옛 애인이 성형하고 나타나 독한 슬픔을 숨긴 채
명랑으로 나를 파먹으려 할 때

옆 자리 여자의
봉긋하고 탄력 있는 젖가슴 훔쳐내며
홀짝임을 짧게 진한
에스프레소를 마시며

엄지와 검지가 한 몸에 있다는 게
이상해
라고 말할 때

우스워서
도마뱀 발톱 같은 추억을 꺼내 주었는데

낡았대요
내 말투도 낡은 언어래요
자극이 없는 건 모두
의미 없대요

그건 마치 새로 입주한 아파트에

막 이사를 하고 난 뒤인데
갑자기 진짜 주인이라 주장하는 사람이 나타나

짐 빼세요
라고 말하는 것 같았어요

조명은 제 안의 어둠을 먼저 지운 채
활짝 웃지요 등 뒤에 감춘 어둠은
보지 않아요

성형을 아무리 하여도 다른 사람이 된 것은 아닐 것인데
헌 애인은 마치

새 애인의 자리로 들어오려는 것처럼 자꾸 웃으며
처음으로 다정한 말투를 하면서
추억을 폐기처분 하였지요 어쩌자고

탁자는 네 다리로 서 있는지
자기 자리를 고집하는 무모함은 어디에서 비롯됐는지

우리가 헤어졌던 날에

달이 떠 있었는지 비가 왔는지
그 무엇도 맞는지 안 맞는지 모르겠어

우린 서로 처음부터 미로를 선물 했으니

낡아서 버려진 것들이니
휴지처럼 가벼워야지요
쓸모라는 건 쓸 사람에게서 발생하는 거지요

어제 새로 쓴 시가 낡은 언어로 가득 찬 것을
확인한 아침처럼

낡지 않으려는 옛 애인의 표정이 웃겨서
커피는 아주 쓰고

오후 다섯 시의 연민은

목젖에 걸려 토해내던 첫 담배처럼 나에 대한 연민은
쓰다 컵라면에 물을 붓고
또 3분을 기다리고 있는 엉거주춤한
자세 같다

되돌림표가 있는 악보처럼
쓰러져 다시 일어나면 된다고 그랬지

오후 다섯 시는
샤프 펜 심지 같다
잔고 없는 통장 같다
다 쓴 샴푸 통 같다
물먹는 하마 같다

지랄이라고 함부로 말을 뱉을 뻔한
내 입 같은 오후 다섯 시를 지나
여섯 시가 다가온다

하루의 시간에 나이를 구겨 넣는 버릇은
언제 생겼을까 나는 감물을 잘못 들인 옷처럼
얼룩덜룩하다 나는

모래밭에 놀다가 잃어버린 가방처럼
남아 있다

물 먹은 스펀지처럼
무거운 침묵은
구워먹을 수 없다

3부

어떤 상처에는 단추를 달아야 해

땡땡하게 부어오르며 곪은 자리
탱탱한 자두 같다

동그란 꽃무늬 단추 같다

쏙 속처럼 뽑아 올린 고름
꽃도 없이 피어났다

단추 떨어진 자리에 기억 같은 실밥 하나 붙어 있다
눈 어두운 할머니가 바늘로 손을 찔러가며 달아 준 꽃 단추

단추 떨어진 자리에 자두 향 같은 실밥이 흔들리는 것만 같
았다

바지락 같은 목소리의 수경이는

달리기를 잘 했던 수경이는
튼튼한 수경이는
세월이 꼬막 삶을 때의 숟가락처럼 삶을 휘저어 버려도
온전하게 버티는 건널목 신호등 같은 수경이는
바그락 바그락 해감을 한 바지락 같은 목소리의 수경이는

큰 가방을 매고 다녀 한쪽 어깨가 기울어졌다
비빔밥을 비벼
오래 입어 늘어난 스웨터 같은
남편에게 건넸다

요즘 몸이 안 좋아서 그래
묻지 않은 대답을 하고는
메꽃처럼 땋은 머리에 노란 모자를 썼다

녹슨 신호등 같은 수경이는
기다란 다리에 녹이 슬어가는 수경이는
자식들이 갈 길을
쉬지 않고 안내했다

달리기를 잘했던 수경이는

어디로도 가지 못하고

헛산 것 같아
바지락이 게운 모래알 같은 말을 뱉었다

늘푸른 약국

늘푸른 약국에 가서 늘 아픈 두통에 대해
물어봤다

갱년기에는 원래 그래요
갑자기 얼굴이 달아오르는가요
화가 나나요
무기력한가요
소화가 되지 않나요

누구나 그래요

시퍼런 대답이다

갱년기에는 원래 그래요
갱년기는 누구나 그래요

내가 맞아 멍들 것 같은 약사의
망치 같은 말을 받아 망설인다

두더지처럼 갱을 파볼까
갱엿과 생강을 고아볼까

귓바퀴에서
환청 같은 쇠 울음소리가 들린다

붉은 모자 쓴 여자

숲에
푸른 비가 내려
붉은 모자 쓴 여자
시린 무릎을 하고
비자나무 숲
먼 눈빛으로 걸어간다

은산이라 했다
잃어버린 아이
잃어버린 아이 이름 되새처럼 되뇌이며
비자나무 숲으로 가는
붉은 모자 쓴 여자

공기는
이끼 같은 눈물로 살 속에 스며들고
손톱 같은 가시로
제 키를 키우는 비자나무
내려서려는 그림자가 위태롭다

혈관 터진 눈으로 푸른 비를 받아
온몸에 부어

부를 수 없는 이름을 새긴다

돌아가는 길은 언제나 제 발목에 걸려
흰새처럼 누워 있다

사금파리 같은 비듬이 떨어졌다

늙은 여자는 말아진 원추리꽃 같다
꽃잎을 꽃입이라고 발음하려다 말고
꽃 끝이 소시지 껍질 같다고 썼다

베이컨말이 같은 시든 원추리꽃

꽃 시절을 마감한
향기의 셔터를 내린 시든 원추리꽃

말아 피우던 마지막 담배 같은
꽃의 모가지에

사금파리 같은 비듬이
햇살처럼 부서지고

마이산 능소화

3D 영상으로 달리는
쇼베이 동굴의 말처럼
능소화 줄기들이 갈기를 날리며 달린다
검록색의 바람으로 동굴은 안개처럼 탁하고
벽화를 그리는 너의 등은 야수처럼 고독하다
능소화 덩굴은 허공을 향하여 말굽을 내닿는다
극렬하게
말굽은 손이 되어 피가 흐르고
너의 두 눈은 벽화에 묶인 채 움직이지 않는다
천 개의 바람이 지나가고
천 개의 고원이 무너진 후
너는 뒤돌아섰는가
너의 뼈로 들판을 세우고
너의 살로 옷을 입은
능소화
3만 2000년 전 벽화 속 말발굽 소리로 달려나온다

11월

대문에 걸렸던
조등은
이미 늙어버린 여자의 얼굴처럼
주름져 있었어

아픈 기억으로
뼈 하나를 심은 자리

천불로 앉아
천개의 이름으로
흰벽에 붙어
무위하게 있더군

목포 블루스

함부로 쓰는 엄지와
검지가 만나야
우리가 된다고 했나요
양쪽 입꼬리를 올려요
마스크 안에서 재채기를 해도 괜찮아요
슬픔이 슬프다고 해야 하는 시간이에요

목포행 완행열차
잘 있거라
나는 간다
신파는 별책부록이에요

유월

베란다 어두운 곳
감자 하나 녹슨 못처럼 싹이 나왔다
검은 비닐 봉지 안에서 숨죽이며
몸 깊은 곳 뜨거움 이기며 뛰쳐나왔을 푸른 녹
내 몸을 파내어 독을 이기는 순교자처럼
유월은

제비꽃

물감이 더해진 붓은 붉다가
푸르러져
먹색이 되었다

눈길을 모아 길을 하나 내어주는 곳
막다른 데에
섬 하나가 걸려 있다

따뜻한
한낮이어서 좋은 게으른 시간

붉은 지붕 아래
제비꽃 피어

다시 찾을 수 있는 봄이 그곳에
있다면 말이다

*한희원 - 섬 바람 - 유화

고양이 혀로 위로하는 방식

손을 건네도 너를 위로할 수 없어
혀를 내밀어 네 어깨를 핥는다

네 살에 스밀 거야
물방울처럼 착한 척한다

긴 혀가 너를 감아 네 숨을 먹을 때
비로소 네가 나임을
나였음을
혀끝에 모을 때

발끝이 땅에 닿는다
땅 끝에 내렸음을 안도하는 황홀한 지옥에서

닿을 수 없는 손이 혀가 되어
너를 파괴하려 하는데

물과별 시선 35

처음이야, 푸른 스커트에 시선이 가는

1판 1쇄 인쇄일 2025년 11월 26일
1판 1쇄 발행일 2025년 12월 1일

지은이 김영숙
펴낸이 신정희
펴낸 곳 사의재
출판등록   2015년 11월 9일 제2015-000011호
주소   전라남도 목포시 보리마당로 22번길 6
전화   010-2108-6562
이메일   dambak7@hanmail.net
ⓒ김영숙, 2025

ISBN 979-11-6716-125-3 03810

지은이와 출판사의 동의 없이 이 책의 내용 중 전체 또는 일부를 인용하거나 발췌하는 것을 금합니다.

값 10,000원